Belkis M. Marte

Una chiquita gigante

PREFACIO

El carnaval dominicano es la fiesta tradicional más popular de la República Dominicana, la cual inicia antes de la cuaresma cristiana.

Esta festividad se realiza todos los fines de semana del mes de febrero, en conmemoración a la fecha de independencia del país, lograda el 27 de ese mismo mes del año 1844, lo que motiva a los ciudadanos a celebrar en las calles y convertirse en los inventores de su propia diversión, creando comparsas que luego desfilan por las diferentes vías de tránsito de la comunidad, ataviadas con máscaras espectaculares y coloridos atuendos, para alegría de toda la población. Muchos se disfrazan mientras otros observan; pero todos gozan de esta actividad con un entusiasmo contagioso, donde la creatividad fluye como la principal expresión de libertad.

Tengo el corazón repleto de escenas, de maravillosos recuerdos. Aquí les abro una pequeña ventana a mi memoria, para que disfruten de los recuerdos del carnaval dominicano que habitan en ella.

27 de febrero de un año importante en mi vida. (Razón suficiente para recordarlo).

Belkis M. Marte
(Una Chiquita Gigante)

La vieja Evarista era una mujer muy sabia; siempre les hablaba a los niños del barrio de las cosas que habían pasado antes de que ellos vinieran al mundo.

—¡Alguien tiene que encargarse de que la historia llegue a los oídos de la gente!—, decía enojada. —¡Los libros no lo saben todo!—

La gente la llamaba "La Vieja Historia". Los padres del sector estaban muy contentos de tenerla, porque ella hacía parte del trabajo que les correspondía a ellos; por esa razón "La Vieja Historia" era muy querida por todos.

—Hoy es la fiesta de carnaval. -Nos dijo—. El 27 de febrero del año 1844 se escuchó un trabucazo que nos anunciaba que ya éramos libres, independientes y soberanos de toda potencia extranjera—. Eso lo dijo llena de emoción, con el brazo derecho en alto, los ojos medio cerrados y la frente arrugada, como queriendo que leyéramos en su rostro la emoción que anidaba su viejo corazón acerca de la independencia de nuestro país.

Ante esa acción todos nos miramos, tratando de entender lo que quería decirnos. Ella abrió bien sus ojos y se nos quedó mirando. Todos nos reímos al mismo tiempo mientras la abrazamos, formando un ramillete de niños alrededor de su falda; pero rápidamente nos separó del abrazo diciendo:

—¡Ya, ya, ya! Váyanse a sus casitas a planear cuáles serán sus disfraces en la gran celebración.

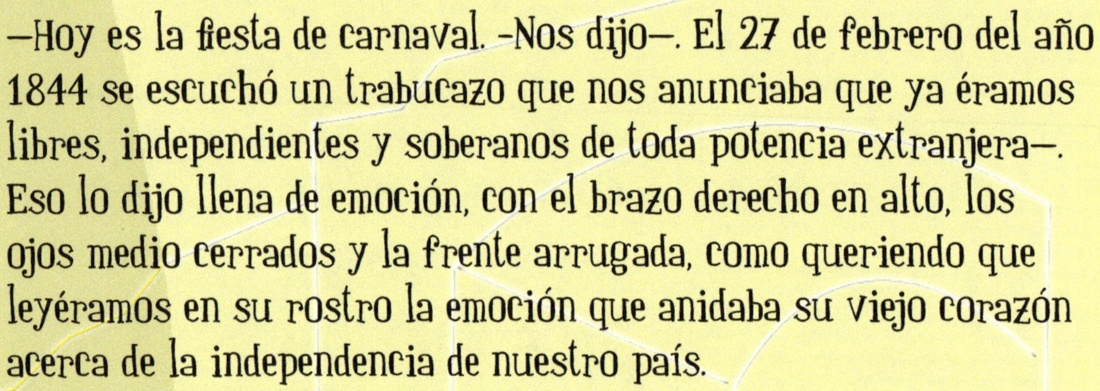

Yo por mi parte corrí hacia la mía, pues tenía una
gran idea. Entré corriendo y contenta.

Al encontrarme con mi hermano, le grité—¡Manito, manito! ¡Deja que me ponga tus zapatos, para disfrazarme de gigante!

—Kin, ¿estás loca?, mis zapatos son enormes; no hay manera de que puedas usarlos.

Me quedé pensativa por un rato... quería
disfrazarme de gigante para el carnaval, pero
¿cómo acomodar mis piecitos número 4 dentro de
unos zapatos número 12?

Transcurrido un breve rato mientras trataba de
encontrar una solución para el problema de mi disfraz,
le dije a mi hermano:

—¡Déjame probar uno! —Él accedió con una sonrisa complaciente, además de intentar sacarme de la cabeza la idea de disfrazarme de gigante, pues se reflejaba claramente en su rostro que consideraba que yo nunca lo sería.

Tomé uno de
sus calzados
y metí mi pie en
él. El gigantesco
zapato quedó vacío. Podía
introducir los dos pies y
todavía quedaría espacio
para un tercero. Él me
miró tratando de contener
las ganas de reírse, pero
observó tanta preocupación
en mi cara, que evitó
herirme de esa
manera.

Me miraba con pena. Se acercó y me levantó tiernamente por la cintura, sacándome del zapato.

—No te preocupes, chiquita que ya encontraremos una solución.

Mientras reposaba mi cabeza en su hombro, yo miraba a todos lados esperando que el universo me resolviera el problema, como lo hizo tantas veces cuando mi mamá me cantaba cada vez que algo me dolía: "Sana, sana colita de rana, si no sanas hoy, sanarás mañana..." y los dolores desaparecían.

—¡Bingo! —Dije, al ver desde lo alto los zapatos de mi hermano colocados muy cerca de los míos.

Salté de sus brazos con rapidez. Me puse uno de los míos, apretando bien el cordón. Luego, con todo y zapato, introduje mi pie en uno de los suyos.

Mi zapatito bailaba dentro de esa grandísima horma. Los apreté lo más que pude. Le di vueltas al cordón alrededor de mi tobillo, tratando de evitar que mi pie se saliera del gigantesco calzado. Todo esto sucedía ante la sorprendida mirada de mi hermano. De repente terminé cojeando, con un zapato sí y el otro no. Parecía que tenía una pierna más larga que la otra. Mientras continuaba entusiasmada, le recalcaba a mi hermano:

—¡Mira, manito, soy una gigante!

—¡Espera, chiquita inteligente! —me dijo con una sonrisa en sus labios al notar mi determinación de hacer realidad mi sueño—. Déjame ayudarte —recalcó.

Me sentó en el sofá y me puso el otro zapato. Parecía algo imposible; el zapato se parecía una yola en la que navegaba mi pie.

Me bajó del sofá y me paró de nuevo en el suelo para que el zapato quedara en su justo lugar. Mientras tanto, yo me reía a carcajadas a la vez que repetía:

—¡Voy a ser gigante, voy a ser gigante!

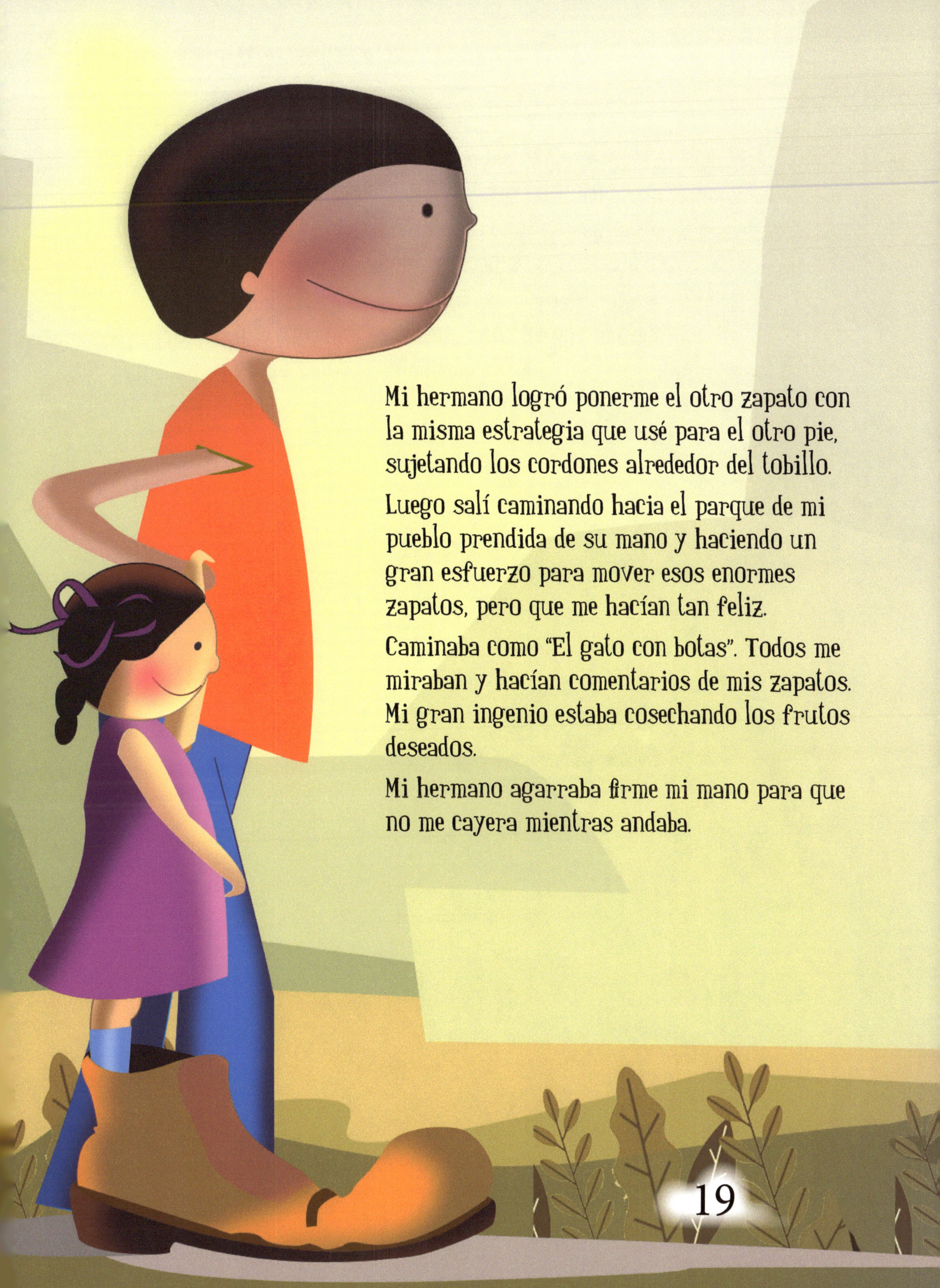

Mi hermano logró ponerme el otro zapato con la misma estrategia que usé para el otro pie, sujetando los cordones alrededor del tobillo.

Luego salí caminando hacia el parque de mi pueblo prendida de su mano y haciendo un gran esfuerzo para mover esos enormes zapatos, pero que me hacían tan feliz.

Caminaba como "El gato con botas". Todos me miraban y hacían comentarios de mis zapatos. Mi gran ingenio estaba cosechando los frutos deseados.

Mi hermano agarraba firme mi mano para que no me cayera mientras andaba.

Se sentía la algarabía del carnaval. Me llamó la atención un grupo de jóvenes que caminaba muy cerca de mí. Era una comparsa que iba a participar en los concursos del parque. Mi entusiasmo crecía al ver sus disfraces.

Eran jóvenes bien alegres que no dejaban de bailar al compás de un sabroso merengue. Las muchachas vestían blusas rojas, blancas y azules (como mi bandera), con faldas multicolores que no les pasaban de las rodillas, exponiendo sus piernas largas y ágiles.

—Algún día mis piernas serán tan largas como las de ellas—, pensé.

Los varones tenían toda la cara cubierta con máscaras que me asustaban y provocaban que yo apretara fuerte la mano de mi hermano.

—No te preocupes Bonita, que no te harán daño. Esas son sólo máscaras. —Me dijo para calmar mi temor. Yo estaba convencida de que su compañía me salvaría; mientras tanto, las comparsas seguían apareciendo por todas las calles y callejones que conducían al parque.

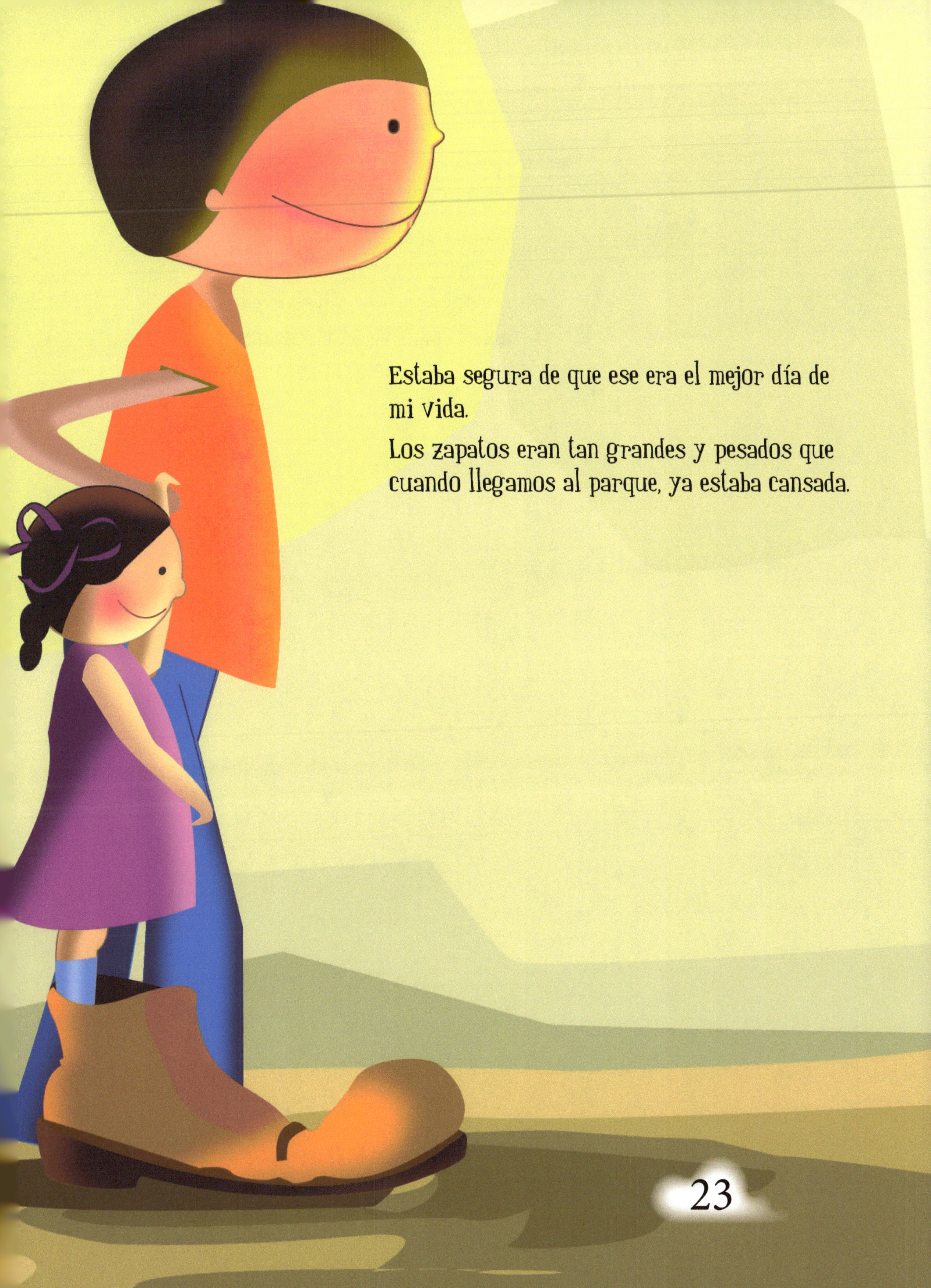

Estaba segura de que ese era el mejor día de mi vida.

Los zapatos eran tan grandes y pesados que cuando llegamos al parque, ya estaba cansada.

Las comparsas estaban formándose para hacer sus presentaciones. Lucían muy animados y esperanzados por ganar. Caminamos alrededor de la plaza, disfrutando del colorido y la diversidad de los disfraces.

El grupo que llamó más mi atención fue uno integrado por jóvenes subidos en zancos tan elevados que superaban mi estatura por mucho, haciendo que luciera muchísimo más pequeña de lo que en realidad era. Eso hizo que los admirara más... por el hecho de ser grandes, y yo una chiquita.

De repente recordé mi disfraz, los zapatos de mi hermano, y me llené de energía. Uno de los jóvenes en los zancos me dijo:

—Chiquita, dame esos zapatos. —Yo lo miré sorprendida y fue mi hermano quien le respondió:

—¡Imposible! Esos zapatos son mágicos y la hacen sentir gigante. —El joven se sonrió y bajándose a mi altura exclamó:

—Me encanta tu disfraz, Chiquita gigante.

Esa frase me hizo sentir que mi cuerpo crecía. De repente mis pies llenaban los zapatos de mi hermano al saber que el joven se había dado cuenta que yo estaba disfrazada de gigante. Descubrió mi disfraz y eso me dio mucha paz. Él dijo adiós, y con mi grandeza momentánea disfruté de la celebración, haciéndole honor a mi disfraz. Por dentro y por fuera era la gigante que soñaba ser.

El parque resplandecía con luces de colores y
comparsas llenas de lujosos disfraces.
Todos los niños, transformados
con sus caritas pintadas: unos de
diablitos y otros de angelitos, las
más hermosas eran las niñas que
iban vestidas de princesas.

Todos caminaban agarrados de las
manos de sus padres, divirtiéndose
y comiendo dulces y helados; se
asustaban cada vez que veían una
máscara que no les agradaba.

Yo no me preocupaba,
porque estaba "soldada"
a la mano de mi
hermano.

27

"Los diablos cojuelos" me llamaban mucho la atención, a pesar del miedo que me provocaba verlos corretear a la gente alrededor del parque, dándoles vejigazos mientras cantaban.

¡Roba la gallina, palo con ella!

¡Roba la gallina, palo con ella!

¡Tintín molondrín, tontón, molondrón!

¡A mamá que le mande una cebollita, dile que coja la más chiquita!... y repetían esos estribillos mientras bailaban entusiasmados. Fue una de las tardes más felices de mi vida.

El tiempo fue pasando y la alegría creciendo. La música nos embriagaba con su ritmo contagioso. La gente del pueblo bailaba y reía, unidos como una sola familia. El cielo estaba colmado de estrellas. Las nubes nos regalaron una noche fresca y seca, perfecta para la ocasión.

Las golosinas inundaban el aire de aromas comestibles que invitaban a comprar. Los quioscos estaban colmados de gente que quería consumir chicharrones, tostones, bofes, chorizos y muchas cosas más, cuyos aromas todavía se esconden en los balcones de mi nariz.

Mi hermano me compró un maíz asado. Yo lo comía despegando los granos uno a uno, y metiéndolos en mi boca saboreaba su dulzura.

Observaba cómo la alegría penetraba las caras de los otros niños mientras bebían "frío frío", "yunyún" y comían ricos algodones de azúcar. Todos desfilaron sintiéndose únicos con sus máscaras, que ese día eran carne de sus rostros.

Fue una de las tardes más felices de mi vida. No tenía unas zapatillas doradas como muchas niñas deseábamos, pero lucía los zapatos de mi hermano, y ese día, gracias a él, fui una chiquita gigante... muy, muy, muy feliz..

BELKIS M. MARTE

Belkis M. Marte es narradora, poeta y gestora cultural de la República Dominicana. Es licenciada en Ciencias del Comportamiento y se ha destacado en el mundo de la narrativa, la poesía y la literatura infantil. Ha publicado Memorias de mi Infancia, (cuento, 2016), De ti Depende el Color de la Noche, (poesía, 2018), EI Girasol Haragán, (literatura infantil, 2019), Banana y zanahoria sueñan ser libres, (literatura infantil, 2020), Una Chiquita Gigante, (literatura infantil, 2020), Por si no Amanece, (poesía, 2021). Y Aire y Árbol (literatura infantil, 2021).

En septiembre del 2021, Marte fue reconocida por el señor presidente de la República Dominicana, Luis Abinader, con la distinción de, dominicana destacada en el extranjero, por la ardua y excelente labor que ha venido realizando con los niños de los campos y barrios de la república dominicana.

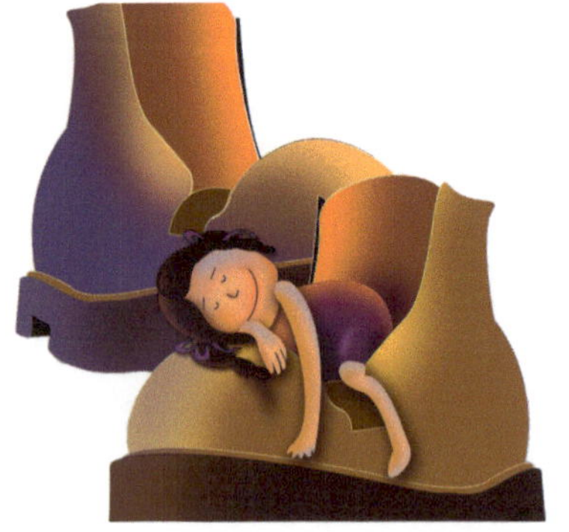

www.ingramcontent.com/pod-product-compliance
Lightning Source LLC
Chambersburg PA
CBHW041631110726
48005CB00002B/561